R. DE BREBISSON

Le Ministre Lambert

ET SA FAMILLE

ALENÇON
TYPOGRAPHIE & LITHOGRAPHIE A. HERPIN
9, RUE DU CYGNE, 9

1897

Le Ministre Lambert

ET SA FAMILLE

R. DE BRÉBISSON

Le Ministre Lambert

ET SA FAMILLE

ALENÇON
TYPOGRAPHIE & LITHOGRAPHIE A. HERPIN
9, RUE DU CYGNE, 9

1897

Le Ministre Lambert

ET SA FAMILLE

Après un certain nombre d'années, les hommes les plus remarquables, soit par les services qu'ils ont rendus à leur pays, soit par leurs talents, soit par leurs vertus, finissent par tomber dans l'oubli. Celui que je veux rappeler ici, s'il n'est pas né dans notre province, appartient à une famille qui a si longtemps habité la Normandie, qu'il ne nous est pas permis de nous en désintéresser.

Un portrait de Lambert que je possède et qui est, je crois, dans ma famille depuis sa publication, m'a

PORTRAIT DU MINISTRE LAMBERT

donné l'idée de m'en occuper.

Avant d'entrer en matière, je pense qu'il ne serait pas sans intérêt de dire quelque chose de la gravure et de son auteur.

Ce portrait finement gravé (hauteur o m. 27 × largeur o m. 17 sans marge), porte les signatures suivantes : *L.-C. De Carmontelle, del. 1761. Delafosse sculpsit*, et au-dessous : *VIR ET CIVIS*. Lambert est représenté de profil, assis dans un fauteuil à large dossier, devant une table et il écrit. Les traits de son visage sont très expressifs; la tête est belle, bien que son nez soit un peu long; une large baie derrière lui laisse apercevoir des arbres.

Carmontelle ou De Carmontelle (né à Paris en 1717, où il mourut en 1806), est plus connu par ses *proverbes dramatiques* que par ses portraits; c'est lui qui fut le créateur de ces petites comédies qui eurent tant de succès. Elles répondaient à un besoin, car à cette époque on aimait beaucoup à jouer la comédie dans les salons. Ces petites pièces fort spirituelles se jouaient sous un titre, et les spectateurs devaient deviner le proverbe que l'auteur avait voulu mettre en scène. Presque toutes ces comédies sont charmantes, mais il y en a deux : le *Portrait* et l'*Histoire*, qui sont de petits chefs-d'œuvre. Je ne m'étendrai pas sur les œuvres littéraires de Carmontelle, qui était lecteur du duc d'Orléans, mais je vais citer quelques-uns de ses portraits :

1° Le portrait de Clairaut (1713-1765), qui présenta un mémoire remarquable à l'Académie des sciences à l'âge de douze ans et demi, et par une faveur spéciale fut reçu membre de cette Compagnie à dix-huit ans. Cette estampe a une certaine analogie avec celle de Lambert; assis sur une chaise, il écrit sur un bureau; derrière des balustres que termine d'un côté une colonne, on voit un paysage dans le lointain;

2° Jean-Jacques Dortous de Mairan (1678-1771), qui remplaça Fontenelle en 1740 comme secrétaire de l'Académie des sciences. Il est représenté se promenant dans la campagne, son chapeau sous le bras. Parce qu'il avait donné un traité de l'aurore boréale, on en aperçoit une au dernier plan;

3° La verve satyrique du dessinateur s'est laissée voir dans l'estampe du fameux compositeur Rameau (1683-1764). C'est presque une caricature que cet homme *grand, sec, have*, se promenant seul, les mains derrière le dos, comme il avait l'habitude de le faire;

4° Mozart, sa sœur et leur père en 1763. On sait que c'est à cette époque que Mozart, qui n'avait pas encore huit ans, parut à Versailles, accompagné de sa sœur, qui avait onze ans et demi, où il eut un si grand succès. Le jeune virtuose est au clavecin, sa sœur chante et leur père joue du violon. Il est à remarquer que dans les diverses estampes que je viens de citer, toutes les figures sont de profil (1).

Outre ses proverbes et ses portraits, Carmontelle a encore donné le dessin du parc Monceaux (on disait aussi Mousseaux ou Mouceaux), et de toutes ses constructions. Ce beau jardin, à cause des sommes énormes qu'il a coûté, reçut le surnom de *Folies de Chartres*. Il a été planté en 1778 par le duc Philippe d'Orléans, qui laissa libre carrière à son dessinateur. On ne peut se figurer actuellement les beautés de ce magnifique parc. Peu à peu les arbres ayant poussé, il était devenu trop ombragé. Quand on l'a livré au public, on a peut-

(1) Le *Magasin Pittoresque* a donné des reproductions de ces gravures, sauf celle de Lambert.

être abattu trop d'arbres, et d'ailleurs une grande partie a fait place aux constructions qui entourent ce que nous en voyons encore maintenant.

Je m'aperçois que sans y penser j'ai fait une espèce de préface; c'est sans doute commencer par être ennuyeux (1); mais je l'ai cru nécessaire pour rendre justice aux talents divers de Carmontelle, et je vais maintenant parler de Lambert.

Claude-Guillaume Lambert (2) naquit à Paris le 9 avril 1726 ; sa mère, Catherine-Thérèse Patu, fille de Pierre Patu, conseiller à la Cour des Aides de Paris, et de Claude de Launay, s'était mariée le 23 mai 1724 et mourut le 19 octobre 1774. Après avoir fait de brillantes études au collège Saint-Jean de Beauvais, Claude-Guillaume fut reçu conseiller au Parlement de Paris en 1748. Il n'avait pas encore vingt-trois ans, mais ses collègues furent tellement frappés de sa maturité d'esprit et de la sûreté de son jugement, dont il donnait chaque jour des preuves, qu'ils arrêtèrent, Chambre assemblée, que le roi serait supplié de lui accorder immédiatement voix délibérative. C'était une dérogation aux usages de la Compagnie, car il fallait avoir vingt-cinq ans. Cette requête fut prise en considération et des lettres patentes du roi sanctionnèrent ce vœu du Parlement, si honorable pour ce jeune et brillant magistrat. Le duc de Choiseul, malgré sa modestie, l'attira à la Cour, et il prit une place distinguée parmi les maîtres des requêtes (3). S'étant acquis une grande réputation de savoir et de probité, il fut chargé du rapport de l'affaire du général Lally-Tollendal, qu'il fit de la façon la plus claire et la plus remarquable. Il parla neuf heures de suite, sans avoir sous les yeux autre chose que les pièces du procès et les éloquents mémoires du fils du condamné : *Il n'y a pas de témoins*, dit le rapporteur, et il termine par ces mots : *Il n'y a pas de délit*.

L'arrêt fut cassé tout d'une voix et la procédure sur laquelle il était intervenu fut annulée à l'unanimité. Lally-Tollendal ne cessa pendant tout le cours de cette longue et importante affaire de donner les plus grands éloges à l'éloquent et intègre rapporteur.

En 1778, au cours de ce grand procès, Lambert fut nommé conseiller d'Etat en service ordinaire ; peu de temps après, il fut appelé au Conseil des finances, puis fit partie de l'Assemblée des Notables en 1787. C'est la même année qu'il fut désigné au roi pour remplir les fonctions, si délicates à cette époque, de contrôleur général des finances. Il remplaçait le cardinal de Loménie de Brienne, qui devenait premier ministre. Il quitta le ministère en août 1788, au rappel de Necker et y rentra au commencement de 1789. Après la retraite définitive de Necker (4 septembre 1790), Lambert resta à la tête de l'administration des

---

(1) Ces paroles sont tirées de la lettre dans laquelle Carmontelle dédie ses proverbes dramatiques à M™ de ***.

(2) Deuxième du nom ; son père portait les mêmes prénoms.

(3) Dans l'*Almanach royal* de 1761 (année où Carmontelle fit son portrait), il figure parmi les conseillers de la deuxième Chambre des enquêtes ; sa date de nomination est du 21 août 1748. Il habitait alors rue Christine.

finances ; mais à la suite d'une dénonciation injuste (elles n'étaient pas rares à cette époque), l'Assemblée nationale, le 19 octobre 1790, le déclara déchu de la confiance de la nation ; le roi lui conserva la sienne. Cependant peu après il donna sa démission et fut remplacé le 4 décembre par Délessert.

Arrêté à Lyon en 1793 (1) comme ayant correspondu avec un des fils émigré, Lambert subit une procédure criminelle ; mais défendu par l'éloquent Portalis, qui fut plus tard ministre des cultes (de 1804 jusqu'à sa mort 1807). Il fut acquitté honorablement par le tribunal du département du Rhône, aux applaudissements de tous les honnêtes gens.

Peu de temps après retiré à Cahors (2), où il possédait une manufacture qui faisait vivre deux cents ouvriers de cette ville, il fut arrêté par ordre du Comité de salut public et de la sûreté générale, et conduit à Paris, où il fut mis en prison. Son second fils, Paul-Augustin-Joseph, partagea sa détention. Enfin le 27 juin 1794, Lambert périt sur l'échafaud.

Il avait épousé : 1° le 1er septembre 1756, Marie-Madeleine Bessier de Pisany, morte le 12 juin 1772, d'où quatre fils ; 2° le 4 mai 1774, Anne-Henriette Guignace de Villeneuve, qui mourut le 2 mars 1783, en laissant une fille.

Après avoir retracé à grands traits cette vie si bien remplie et si tristement terminée, je vais donner la généalogie de cette ancienne famille. Elle n'était pas d'origine normande, mais elle y a habité à diverses reprises et y a occupé une importante situation.

ARMOIRIES : *De gueules, au chevron d'or, accompagné en chef de deux croissants d'argent, et en pointe d'un chêne arraché d'or.* — COURONNE : *De marquis.* — SUPPORTS : *Deux licornes.*

La famille Lambert est fort ancienne et le commencement de sa noblesse n'est pas connue. Originaire de l'Ile-de-France, où elle possédait beaucoup de biens, elle vint au xve siècle s'établir en Normandie, près de Cherbourg. Plus tard ils vinrent à Paris, où ils ont occupé des charges importantes dans la magistrature.

I. Thomas Lambert, premier du nom, écuyer, est le premier auteur connu. Il vivait en 1422. Le 21 décembre de cette année, il acquit un fief à Tourlaville, près Cherbourg. Au mois de mai 1445, il servait en qualité d'homme d'armes dans la compagnie de messire Thomas Hoo, chevalier capitaine de Mantes. Il eut pour fils :

II. Robin Lambert, écuyer, seigneur de Meslières, près Mantes, de Digoville, près Cherbourg, voyeur de Tourlaville (3), cité dans les actes du

---

(1) Je crois cette date, donnée par plusieurs auteurs, erronée. Cette première arrestation doit être antérieure à 1793.

(2) Plusieurs biographes le font se retirer à Sainte-Foy ; je pense que c'était le nom de son habitation à Cahors ou dans les environs de cette ville.

(3) Cette charge, que la famille Lambert a possédée longtemps en fief, avait de très beaux privilèges. Elle donnait droit d'inspection sur la forêt du roi et séance avec les officiers de S. M. dans toutes les affaires relatives à cette forêt.

27 juillet 1460, 7 septembre 1476 et 17 octobre 1478. Il fut père de Thomas, qui suit :

III. Thomas Lambert, deuxième du nom, seigneur des mêmes lieux, eut pour fils :

1º Ancel, dont l'article suit :
2º Jean Lambert, écuyer } partagèrent avec Ancel, leur frère aîné, le
3º Guyon Lambert, écuyer } 30 novembre 1521.

IV. Ancel Lambert, écuyer, épousa par contrat du 1er août 1498, Guillemette Cabart, fille de Jean Cabart, sieur d'Enneville et des Essards, homme d'armes de la garnison de Cherbourg, « *lequel*, porte l'enquête de 1573, *n'eut pas donné sa fille en mariage audit voyeur, s'il n'eut été réputé noble* ». Ancel servait au mois d'octobre 1527, dans la compagnie des gens de guerre à morte paye, commandée par Du Riez. Il mourut en 1552, laissant trois fils :

1º Gratien, dont l'article suit ;
2º Robert Lambert, chanoine de Coutances et aumônier ordinaire du roi ;
3º Hubert Lambert, médecin ordinaire de la reine Eléonore d'Autriche, seconde femme du roi François Ier.

V. Gratien Lambert, écuyer, seigneur des mêmes lieux, servait au mois d'avril 1547 au nombre des cent vingt hommes de guerre de Louis de Saint-Simon de Rasse. Il mourut en 1559, laissant deux fils :

1º Guillaume Lambert, voyeur de Tourlaville. En 1572, les commissaires pour le régalement des tailles en cette paroisse l'ayant porté sur le rôle des contribuables, sur le refus qu'il avait fait de comparaître à leur assignation, il se pourvut aussitôt à l'élection de Valognes, où comparurent, le 4 novembre 1572, les collecteurs de la paroisse et le corps des paroissiens. Il allégua « qu'il était noble et issu de noble et ancienne lignée ; que sa noblesse était notoire, tant auxdits habitants qu'à tous autres du pays. A quoi les paroissiens ajoutèrent qu'ils n'avaient jamais douté de la noblesse dudit Lambert, ni de celle de ses prédécesseurs... Et par le procureur du roi il fut dit que l'on avait toujours tenu ledit Lambert et ses prédécesseurs pour nobles en ce pays ». Sur son instance, il fut rayé préalablement du rôle des tailles, sauf à se pourvoir par-devant les commissaires du roi. Par une enquête du 7 octobre 1573, il exposa « qu'il était noble, issu d'ancêtres nobles et comme tel tenu et réputé dans le pays par ceux qui connaissaient sa lignée ; qu'il était en possession et jouissance de noblesse sans avoir jamais contribué aux tailles des roturiers, et en tous actes et instructions s'était dit et tiré tel, ayant suivi les armes et fait plusieurs services à Sa Majesté comme domestique et commensal, et en outre ayant ses prédécesseurs, fait plusieurs services aux rois et toujours suivi les armes sans qu'aucun d'iceux eut dérogé à l'état de noblesse, et que conséquemment y devait être maintenu ; que de tout temps sa noblesse n'a été révoquée en doute et ne la pourrait justifier par titres, ayant tous ses prédécesseurs joui d'icelle, sans doute ni contredit ». En conséquence il fut fait, d'après les ordres de ces commissaires, par le lieutenant général de Valognes, le 10 octobre 1573, une enquête où déposèrent douze témoins âgés de soixante-dix, soixante-quinze, quatre-vingts et quatre-vingt-dix ans, qui tous déclarèrent « que de tout temps, de leur connaissance et de tradition immémoriale de leurs pères, connaître MM. Lambert pour nobles de tous temps », et rendirent un compte uniforme des faits relatifs à l'ancienne origine noble de cette famille, même des faits antérieurs à tous les actes et à tous les degrés de la filiation qu'on vient de rapporter. Guillaume Lambert fut en conséquence maintenu en l'état de noblesse et dans tous les droits et immunités dont elle était en possession. Au mois de novembre 1584, Guillaume Lambert servait dans une compagnie de cinquante hommes d'armes des ordonnances du roi, Il avait épousé N... du Temple (1), d'une des plus anciennes familles du pays chartrain, porte l'enquête de 1573, qui ajoute « qu'il suivit les guerres et la cour comme ses ancêtres, et fut en bonne réputation dans ce pays (de Normandie) de tous les gentilshommes qui y étaient, la plupart étant ses parents et alliés ». Guillaume Lambert fut gouverneur du château de Saint-Sauveur-le-Vicomte, proche Valognes. Il ne laissa que deux filles :

A. Marie Lambert, alliée à Jacques Poirier, baron d'Amfréville (2) commandant une compagnie de gens d'armes durant les troubles de la ligue pour le roi Henri IV et depuis président à mortier au Parlement de Rouen.

B. Anne Lambert, femme de Julien Poirier d'Amfréville, seigneur de Sortoville, frère de Jacques.

2º Jean qui suit :

VI. Jean Lambert, écuyer, seigneur du Fresne (3), frère de Guillaume, vint s'établir à Paris et y fut reçu, le 15 janvier 1587, dans la charge de procureur du Roi au siège général de l'amirauté de France, établie à la table de marbre du palais. Trois ans après il suivit Henri IV à Tours et abandonna sa maison et ses biens pour demeurer fidèle à ce prince. Ce fait honorable est attesté par un arrêt du Conseil du 31 mars 1590, concernant le paiement des appointements de sa charge à Tours. Dès le 22 avril 1564 Jean Lambert, seigneur du Fresne, avait donné une quittance au receveur des tailles de Bayeux, comme tuteur de l'enfant de Maître Pierre Potier, à cause d'une rente sur l'Etat, et avait épousé en 1581 Marie Barat (4) qui était veuve de lui en 1620. Il en eut neuf enfants dont le huitième, Guillaume, a seul continué la descendance.

VII. Guillaume Lambert, écuyer, né le 28 juin 1603, fut reçu correcteur en

---

(1) Du Temple : écartelé au 1 et 4 d'azur au chevron d'or accompagné de trois étoiles du même ; au 2 et 3 d'hermines plein.

(2) Poirier d'Amfreville : d'azur au chevron d'or, accompagné en chef de trois étoiles rangées d'argent.

(3) Les armoiries des Lambert ont subi diverses modifications ; dans Chevillard on trouve le chêne remplacé par une étoile d'or. Dans un vieux cartouche en bois qui était dans la maison des Lambert on voit en pointe un gland d'or.

(4) Barat : d'argent à la croix ancrée et anillée d'or

la Chambre des comptes de Paris le 1ᵉʳ février 1632 ; puis conseiller du Roi et maitre des comptes en la même chambre le 15 juillet 1655 et mourut le 25 mai 1684. Il avait épousé au mois de juin 1638 Marie de Montchal, fille de Pierre de Montchal (1) et de Jeanne Bachasson. Il en eut dix enfants dont six moururent en bas âge. Les autres sont :

1° Jean-Pierre qui suit.

2° Guillaume Lambert, mort à Chartres en 1686, sans avoir été marié.

3° Joseph Lambert, né le 28 octobre 1654, prêtre, docteur en Sorbonne et prieur de Palaiseau près Paris. L'église de Saint-André-des-Arts *a longtemps retenti de sa modeste et touchante éloquence*. Il mourut le 31 janvier 1722.

4° Marie Lambert a épousé en mars 1633 Pierre de Maissot, chevalier, doyen des secrétaires du Roi, morte sans enfants en 1707.

VIII. Jean-Pierre Lambert, écuyer, né le 14 février 1642, fut reçu conseiller correcteur en la Chambre des comptes de Paris le 8 avril 1683 et mourut le 18 février 1728. Il avait épousé, le 1ᵉʳ juillet 1692, Marie-Catherine Pépin (2), fille de Claude Pépin, correcteur des comptes ; de ce mariage deux fils.

1° Claude-Guillaume dont l'article suit :

2° Jean-Baptiste-Pierre, auteur de la seconde branche (3).

IX. Claude-Guillaume Lambert, premier du nom, né le 9 novembre 1694, fut reçu conseiller au grand Conseil le 29 janvier 1718. Lors de la dissolution des Parlements en 1771, Claude-Guillaume Lambert était doyen du grand Conseil. Par respect pour son grand âge on crut pouvoir l'excepter de l'exil général des défenseurs de l'ancienne magistrature. Il alla trouver le chancelier et se plaignit qu'on pût le confondre avec les complaisants du pouvoir et les déserteurs de sa compagnie ; M. de Maupeou l'exila. Il eut la joie d'être témoin du rétablissement de la magistrature et mourut le 29 novembre 1774, un mois après sa femme Catherine-Thérèse Patu (4) qu'il avait épousée le 23 mai 1724 ; elle était fille de Pierre Patu, conseiller en la Cour des aides de Paris, et de Claude de Launay. Ils laissèrent deux fils :

1° Claude-Guillaume qui suit.

2° Jean-Pierre Lambert de Saint-Omer, né le 11 mars 1728. Il fut nommé conseiller de la première chambre des enquêtes au Parlement de Paris le 3 mai 1753, et épousa N... Guignace de Villeneuve (5), sœur de la seconde femme de son frère. Il mourut sans postérité en 1795.

(1) DE MONTCHAL : de gueules, au chef d'or, chargé de trois molettes d'éperon d'azur.
(2) PÉPIN : d'or au pin de sinople écartelé d'argent à trois étoiles d'azur posées en bande ; *Alias* : d'azur au besant d'or autour duquel est écrit : Antoine Pépin.
(3) Cette branche, connue sous le nom de Lambert des Champs de Morel, est, je crois, éteinte ; comme elle n'intéresse pas la Normandie, je ne m'en occuperai pas dans ce travail.
(4) PATU de Saint-Vincent, à Mortagne (Orne) et PATU de Rosemont, île de la Réunion : d'azur au chevron d'or accompagné de trois colombes d'argent.
(5) GUIGNACE DE VILLENEUVE : Parti d'azur plein à senestre, à un arbre d'or sur un terrain du même à dextre, à un rocher de six coupeaux d'argent, chargé de six tourteaux de gueules rangées en fusée.

X. **Claude-Guillaume Lambert**, deuxième du nom, baron de Chamerolles, comte d'Auverse, seigneur de Fresne, de Chilleurs (Chamerolles et Chilleurs sont dans l'arrondissement de Pithiviers, Loiret) et autres lieux. La notice donnée sur lui au commencement de cette étude me dispense de donner des détails qui seraient une répétition. De son mariage avec Marie-Madeleine Bessier de Pigany (1) fille d'Augustin Bessier de Pigany, maître des comptes à Paris et de Marie-Marguerite Gaultier. Il eut quatre fils :

1º Augustin-Charles-Pascal Lambert, né le 16 décembre 1761. Il fut reçu conseiller au Parlement de Paris en 1782, et maître des requêtes de l'Hôtel de Ville en 1788. Lors des troubles révolutionnaires, il émigra avec le troisième et le quatrième de ses frères. Il avait épousé Mlle Dupré de Saint-Maur dont il n'eut pas d'enfants. Il se remaria en Angleterre avec Mlle de Ghaisne de Bourmont (2), sœur du lieutenant-général, comte de Bourmont, qui commandait pour la cause royale dans l'armée vendéenne. Le gouvernement anglais l'envoya durant son émigration à Saint-Domingue en qualité de président du Conseil de justice. Il rentra en France avec le roi en 1814, et fut alors nommé conseiller d'Etat en service ordinaire ; il devint, en 1816, conseiller d'Etat en service extraordinaire.

2º Paul-Augustin-Joseph dont l'article suit.

3º Claude-Guillaume Lambert, baron de Chamerolles, né le 24 septembre 1768, fut nommé lieutenant au régiment des chasseurs des Pyrénées et depuis capitaine aide de camp du maréchal de Broglie. Il suivit la famille royale en Angleterre et y prit du service pour la cause de Bourbons. Rentré en France, il y épousa Mlle Louise de Seroux (3) de la ville de Compiègne. Il a été nommé en 1814, chevalier de l'ordre royal et militaire de Saint-Louis.

4º Augustin-Louis Lambert, comte d'Auverse, né le 24 décembre 1769, chevalier de l'ordre de Saint-Jean de Jérusalem. Il passa à l'étranger au moment de la Révolution ; il mourut dans l'émigration en l'année 1796 sur un vaisseau qui le transportait à la Guadeloupe. Il ne s'était pas marié.

De son mariage avec Henriette-Guignace de Villeneuve naquit une fille :

5º Armande-Félicité Lambert, née le 10 novembre 1781.

XI. **Paul-Augustin-Joseph**, baron Lambert du Fresne, né le 8 août 1764, fut reçu conseiller au Parlement de Paris en 1784. Il fit le voyage de Malte et y fut reçu chevalier de l'ordre de Saint-Jean de Jérusalem en 1789. Pendant la Révolution il resta seul en France avec son père ; il partagea ses malheurs et

---

(1) BESSIER DE PIGANY : de sinople au lis naturel ; *Alias* : de sinople à une plante de lis d'argent.

(2) DE GHAISNE DE BOURMONT : d'or à la tête de lion de gueules, lampassée de même, dentée, allumée et couronnée d'argent.

(3) DE SEROUX (baron), château de Venette, près Compiègne, portent : écartelé au 1 d'azur à deux étoiles d'or en chef et à la rose d'argent en pointe ; au 2 des barons militaires de l'Empire ; au 3 parti le un d'or à la fasce de gueules, le deux d'or à l'arbre arraché de sinople surmonté d'un comble d'argent chargé de quatre larmes d'azur ; au 4 écartelé au 1 et 4 de gueules à la rencontre de bœuf d'argent au 2 et 3 d'azur, à six besants d'or trois, deux et un.

l'accompagna dans sa prison d'où son père ne sortit que pour monter sur l'échafaud. Paul-Augustin-Joseph échappa à ce malheureux sort ; il se maria en 1798 avec demoiselle Aglaé-Louise-Etiennette de Brossard (1), fille aînée de François-Constantin, comte de Brossard, ancien écuyer commandant de S. A. S. Louis-Philippe, duc d'Orléans et de Marie-Perrine d'Auvilliers. Après la Révolution, Paul-Augustin-Joseph fit des démarches près du nouveau gouvernement. Il fut nommé en 1800 à la sous-préfecture de Pithiviers (Loiret) et en 1806 préfet à Tours ; peu après il reçut le titre de baron et de membre de la Légion d'honneur. Il fut éloigné de l'administration en 1812, au grand regret des honnêtes gens de Touraine, pour un acte de bienfaisance odieux au gouvernement. Au retour du roi Louis XVIII, il fut nommé maître des requêtes au Conseil d'Etat et en remplit les fonctions jusqu'au 5 mai 1817, jour où la mort l'enleva à l'affection des siens. De son mariage avec Mlle de Brossard, il eut cinq enfants ; quatre lui ont survécu.

1° Edouard-Louis-Etienne Lambert ;
2° Joseph-Anatole Lambert ;
3° Stéphanie-Constance Lambert ;
4° Louise-Emma-Pauline Lambert.

Je pourrais m'arrêter ici, car ces Lambert ont été les derniers du nom. Cependant il m'a paru intéressant de dire ceux qui, portant d'autres noms, en descendent et vivent actuellement.

1° Edouard-Louis-Etienne Lambert, baron de Chamerolles, né le 8 février 1800, entra au Ministère des Finances et y exerça les fonctions d'inspecteur. Il fut nommé chevalier de la Légion d'honneur le 29 décembre 1836. Par décret impérial du 29 décembre 1860, il fut confirmé dans la possession du titre de baron de Chamerolles. Il mourut à Versailles le 28 mai 1886. Il avait épousé le 19 mars 1828, Mlle Aimée-Marie-Désirée d'Erard (2), fille du comte d'Erard descendant d'un des compagnons de Guillaume le Conquérant et de Mlle de Ruffo, issue des comtes de la Ric (royaume de Naples).

De ce mariage, une fille Mlle Antoinette-Louise-Augustine Lambert de Chamerolles qui a épousé, le 7 avril 1853, Philippe comte de Brossard, son cousin germain qui mourut le 4 août 1890, laissant huit enfants. Aucun de ses fils n'est marié ; une fille a épousé le comte de Fromessent et une autre le comte de Blavette.

(1) DE BROSSARD : de sable au chevron d'or accompagné en chef de deux besants et en pointe d'une molette d'éperon, le tout du même. Plusieurs nobiliaires prétendent que les De Brossard portent d'argent au lion de sable armé et lampassé de gueules. Les comtes De Brossard possédaient de temps immémorial le château et la terre de Iles-Bardel, arrondissement de Falaise (Calvados) Lors de la division de la France en départements, il usèrent de leur influence pour que leur commune fut du Calvados, tandis qu'elle eut dû faire partie de l'arrondissement d'Argentan (Orne). Il suffit de voir une carte pour se rendre compte que les Iles-Bardel eussent dû appartenir au département de l'Orne.

(2) D'ERARD : d'azur à trois pieds de griffon d'or perchés chacun sur un tronc d'arbre d'argent.

2° Joseph-*Anatole* Lambert de Chamerolles, né le 14 avril 1803, décédé à Paris le 13 janvier 1885, a épousé : 1° Mlle de la Fare (1) ; 2° Mlle Caroline-Alexandrine-Albertine d'Esclignac (2), fille du duc d'Esclignac et de la duchesse née de Talleyrand-Périgord ; sans postérité.

3° Stéphanie-Constance Lambert de Chamerolles, née le 2 décembre 1798, morte en son château d'Ouezy (Calvados), le 11 novembre 1881. Elle avait épousé M. William comte de Bonchamps (3) ; de cette union deux fils.

  A. Raoul qui a épousé Mlle de Saint-Manvieux ; sans postérité.

  B. Jules qui a épousé Mlle Marie André de la Fresnaye (4), fille du baron de la Fresnaye, savant ornithologiste, et de la baronne née Gueneau de Montbéliard ; de ce mariage deux fils.

   A. Le comte de Bonchamps, non marié.

   B. Le vicomte de Bonchamps qui a épousé le 4 juin 1896 Mlle de Virel (5), fille du comte de Virel et de feue la comtesse de Virel, née de Maleissye.

4° Louise-*Emma*-Pauline Lambert de Chamerolles, née le 15 mai 1806, morte à Paris le 23 mai 1887. Elle a épousé : 1° Gustave comte de Brossard (frère de Mlle Aglaé de Brossard, femme de Paul-Augustin-Joseph Lambert). De ce mariage un fils Philippe, qui a épousé sa cousine germaine, Mlle de Chamerolles (*voir ci-dessus*). 2° Hugues des Rotours, baron de Chaulieu (6) inspecteur des finances ; une fille, Berthe, est seule née du mariage. Elle a épousé M. Amédée de Caix (7) ancien officier des haras, qui a relevé, après la mort de son beau-père le titre de baron de Chaulieu ; de cette union quatre fils :

  A. Joseph, mort en bas-âge.

  B. Gérard de Caix, baron de Chaulieu, marié à Mlle Baconnière de Salverte (8) ; sans enfants.

  C. Camille de Caix, baron de Chaulieu, ancien officier de cavalerie, a épousé Mlle de Vaucelle (9) ; sans postérité.

---

(1) De la Fare : d'azur à trois flambeaux d'or allumés de gueules.

(2) Preissac d'Esclignac : d'argent au lion de gueules armé et lampassé d'azur.

(3) De Bonchamps : D'azur au lion d'or armé et lampassé de gueules.

(4) André de la Fresnaye : d'azur à un cygne d'argent, nageant sur une rivière de sinople au chef d'or chargé d'une quintefeuille de gueules accostée de deux étoiles d'azur.

(5) De Virel : d'argent à trois jumelles de gueules.

(6) Des Rotours, baron de Chaulieu : d'azur à trois besants d'argent. Le baron de Chaulieu était mon cousin par ma mère, fille de M. Gaudin de Villaine, ancien officier de l'armée de Frotté et de Mlle de Vaufleury de Saint-Cyr.

(7) De Caix : d'or au chevron d'azur, accompagné en pointe d'un lion de gueule ; au chef de même chargé d'un croissant entre deux étoiles d'argent. M. Amédée de Caix était le frère de M. Alfred de Caix (1807-1872), connu par ses travaux historiques sur la Normandie : *Notice sur le prieuré de Briouze ; Notice sur la chambrerie de l'abbaye de Troarn ; Histoire du bourg d'Ecouché ; Notice sur quelques alchimistes normands, etc.* MM. Gérard et Camille sont frères jumeaux.

(8) Baconnière de Salverte : d'azur au chevron d'argent, accompagné de trois couronnes à l'antique à trois pointes de même, au chef échiqueté d'or et de gueules de deux tires.

(9) De Vaucelle : d'azur à trois étoiles d'argent.

D. Hubert de Caix de Chaulieu, mort à trente ans en 1896. Il était conseiller général de l'Orne pour le canton de Putanges.

Rectifions en terminant quelques erreurs; le portrait de Claude-Guillaume Lambert par Carmontelle n'est pas le seul connu. Paul-Augustin-Joseph pria le célèbre peintre Restout, qui avait été détenu avec son père, de retracer ses traits, en rappelant ses souvenirs et ceux de ses amis captifs. Je n'ai pu savoir ce qu'est devenu ce portrait, qui a servi de modèle à un autre ensuite lithographié; il n'est pas conservé dans la famille comme le disent quelques auteurs.

On attribue souvent la construction du magnifique hôtel Lambert rue Saint-Louis-en-l'Isle, qui appartient actuellement au prince Czartoriski, à Claude-Guillaume Lambert. C'est une erreur; il a été construit environ un siècle avant par Nicolas Lambert de Thorigny. Lebrun (1619-1690), le célèbre peintre de Louis XIV, travailla, dit-on, neuf ans avec Lesueur (1617-1655) et d'autres artistes à embellir cette magnifique demeure.

Lambert fut une des grandes figures du XVIIIe siècle, un peu oubliée; j'ai cru devoir lui rendre justice et parler un peu de sa famille, à cause de leurs nombreuses alliances normandes.

Outre les divers ouvrages consultés, j'ai été aidé dans ce travail par les renseignements donnés : par la famille; par M. Paul de Farcy; par M. Robert Triger; mon cousin, M. Gaston Le Hardy; et par mon neveu, M. Xavier de Beausse; qu'ils reçoivent ici l'expression de ma reconnaissance.

Alençon. — Imprimerie et Lithographie A. HERPIN, rue du Cygne, 9.

www.ingramcontent.com/pod-product-compliance
Lightning Source LLC
Chambersburg PA
CBHW060456050426
42451CB00014B/3347